Descubrimiento del espacio profundo

SATURNO
Y OTROS PLANETAS EXTERIORES

GAIL TERP

BLACK RABBIT BOOKS

Bolt es una publicación de Black Rabbit Books
Apartado Box 3263, Mankato, Minnesota, 56002.
www.blackrabbitbooks.com

Marysa Storm, editora; Grant Gould, diseñador;
Omay Ayres, investigación fotográfica

Información del catálogo de publicaciones de la biblioteca del congreso
ISBN 978-1-68072-972-6

Impreso en China. 3/18

Créditos de imágenes

Alamy: Science Photo Library, 24; http://voyager.jpl.nasa.gov/: NASA, Cover (Voyager); Science Source: Corey Ford, 26 (izquierda); Detlev van Ravenswaay, 28–29; Mark Garlick, 9 (superior); Shutterstock: Aphelleon, Cubierta (Saturno); Azuzl, 22–23 (planetas gigantes, sol); Bobnevv, 23 (inferior d planetas); Dotted Yeti, 1, 3; Filipe Frazao, 16 (Tierra); Harvepino, 16–17 (fondo); hideto999, 12, 32; Johan Swanepoel, 16 (núcleo); keplar, 27 (inferior); Marc Ward, 17; molaruso, Cubierta; Mopic, 10–11; muratart, 26–27; NASA images, 15; Paul Stringer, 20–21; Vadim Sadovski, 4–5, 6–7, 9 (inferior), 18, 26 (derecha); Yuriy Mazur, 23 (inferior d); solarsystem.nasa.gov: NASA, 27 (superior); voyager.jpl.nasa.gov/: NASA, 31

CONTENIDO

CAPÍTULO 1

ESPACIO espectacular

La nave espacial *Cassini* gira alrededor de Saturno. Envía imágenes sorprendentes a la Tierra. Gases arremolinados cubren la superficie de Saturno. Sus enormes anillos se extienden en toda su amplitud.

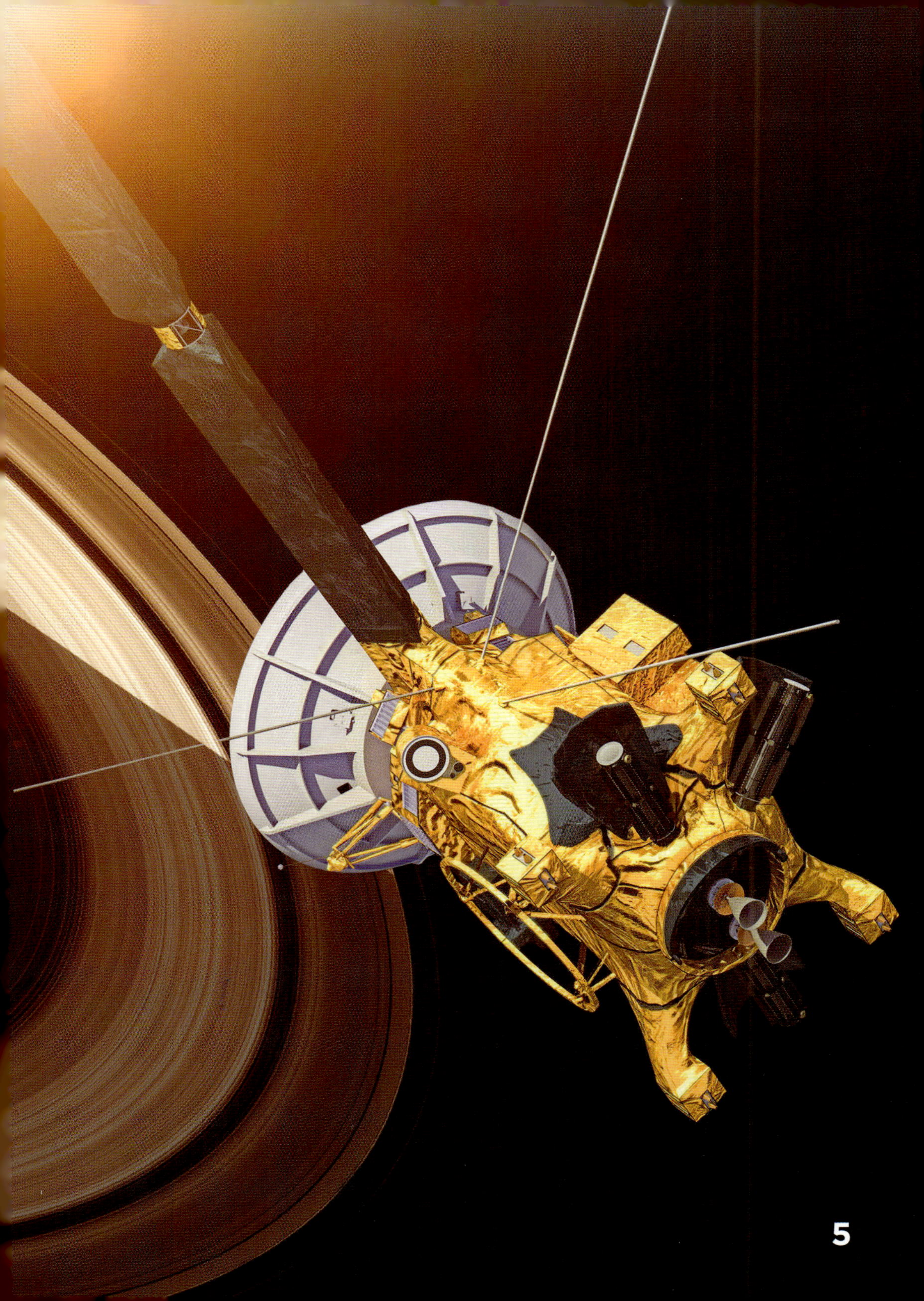

Los planetas

La gente ha estudiado a Saturno y a otros planetas **desde** la antigüedad. Notaron que los planetas no eran estrellas. Se movían por el cielo de forma diferente a las estrellas.

Los planetas son enormes cuerpos que **orbitan** las estrellas. Saturno y otros siete planetas orbitan alrededor del Sol. La **gravedad** del Sol los mantiene en sus trayectorias. Ellos forman el sistema solar.

Algunos de los anillos de Saturno llegan a 175,000 millas (281,635 kilómetros) del planeta.

Gigantes de gas

Los cuatro planetas más cercanos al Sol son los planetas interiores. La Tierra es uno de ellos. Los planetas más alejados del Sol son los planetas exteriores. Están hechos principalmente de gas. Estos planetas son grandes. La gente los llama gigantes de gas. Ellos son Júpiter, Saturno, Urano y Neptuno.

De 1930 a 2006, hubo nueve planetas. En el año 2006, los científicos etiquetaron el noveno planeta, Plutón, como planeta enano.

planetas exteriores

Los planetas interiores

¿Cuántas lunas?

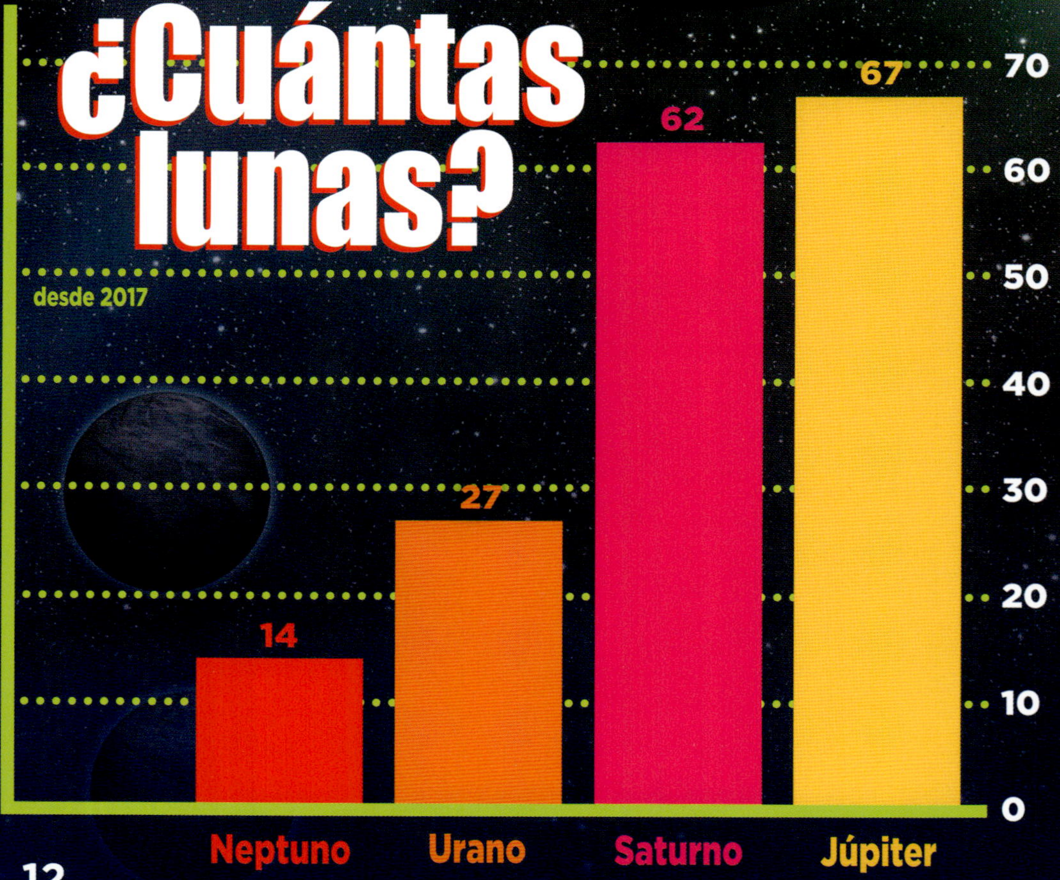

CAPÍTULO 2

Los planetas EXTERIORES

Saturno exterior es conocido por sus grandes anillos. Un **astrónomo** los descubrió en 1610. Los anillos están hechos de trozos de hielo y roca. Algunos trozos de hielo y roca son tan pequeños como polvo. Otros son tan grandes como montañas. Los anillos de Saturno orbitan alrededor del planeta. La gravedad de Saturno mantiene los anillos en su lugar tirando de ellos.

Júpiter

Júpiter es el planeta más grande. Como Saturno, también tiene anillos. Pero sus anillos son difíciles de ver. La **atmósfera** de Júpiter está hecha de remolinos de gas. Los remolinos de gas son causados por nubes y vientos.

Una gran tormenta azota a Júpiter. Desde el espacio, se ve grande y rojo. La gente llama a esta tormenta la Gran Mancha Roja. Esta tormenta es más grande que la Tierra. Ha existido por más de 300 años.

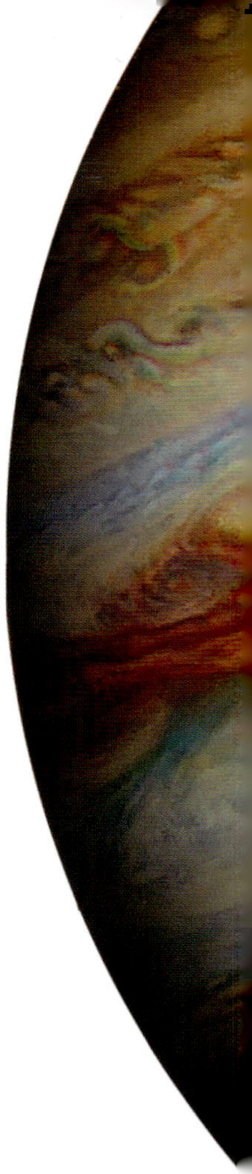

Júpiter puede tener diamantes flotando en su atmósfera. Saturno también puede tenerlos.

LO QUE SE NECESITA PARA LA VIDA

La Tierra es el único planeta conocido que tiene vida. Los científicos buscan vida en otros planetas. Creen que un planeta debe tener ciertas **características** para sustentar la vida.

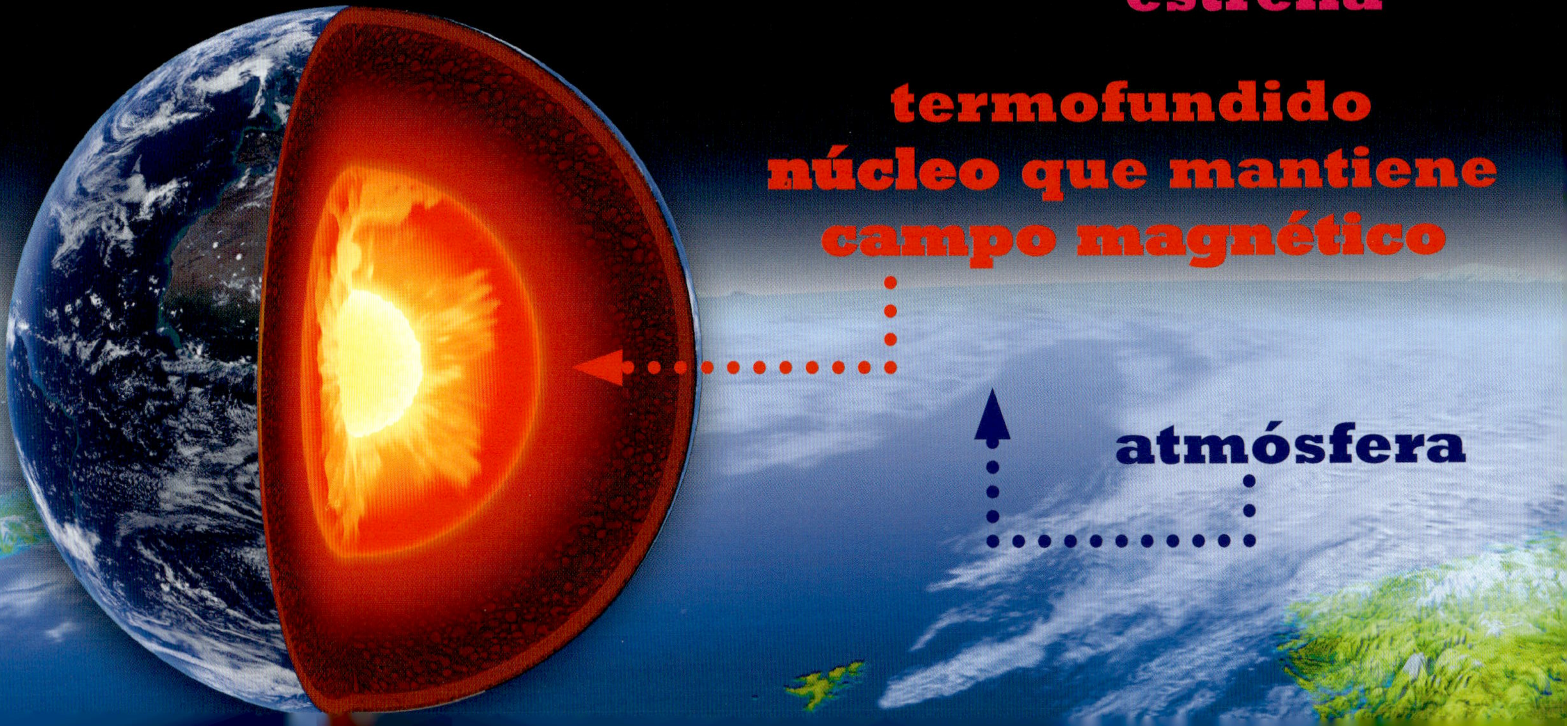

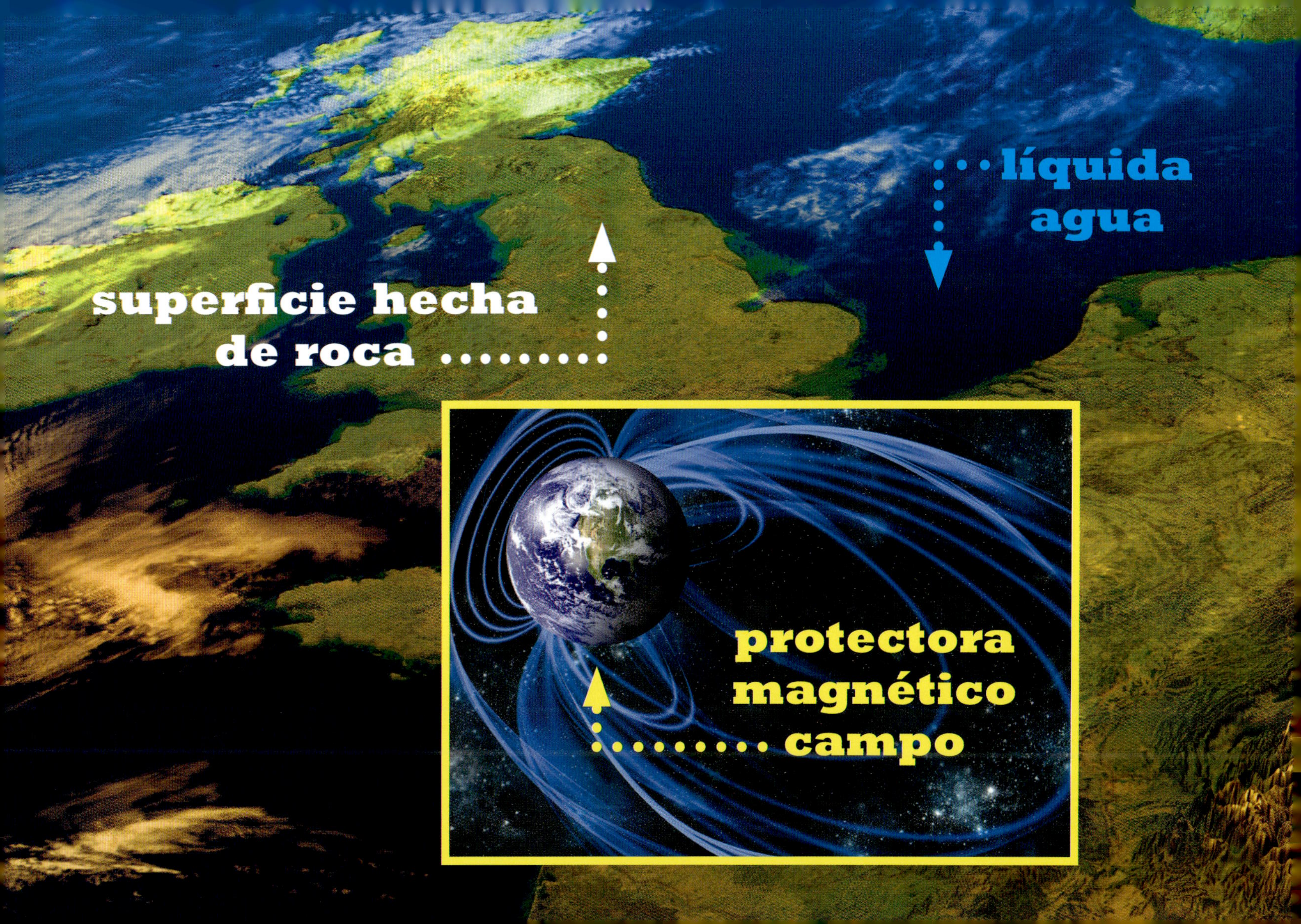
superficie hecha
de roca
líquida
agua
protectora
magnético
campo

TEMPERATURAS PROMEDIO

Urano

Urano es el séptimo planeta desde el Sol. **El gas** metano en su atmósfera le da un color azul. Urano se inclina más que otros planetas. Parece que gira de lado. La inclinación de un planeta determina sus estaciones. Debido a su extraña inclinación, Urano tiene temporadas extremas. Durante 21 años, la luz solar llega a un solo lado del planeta. El otro lado experimenta un invierno frío y oscuro.

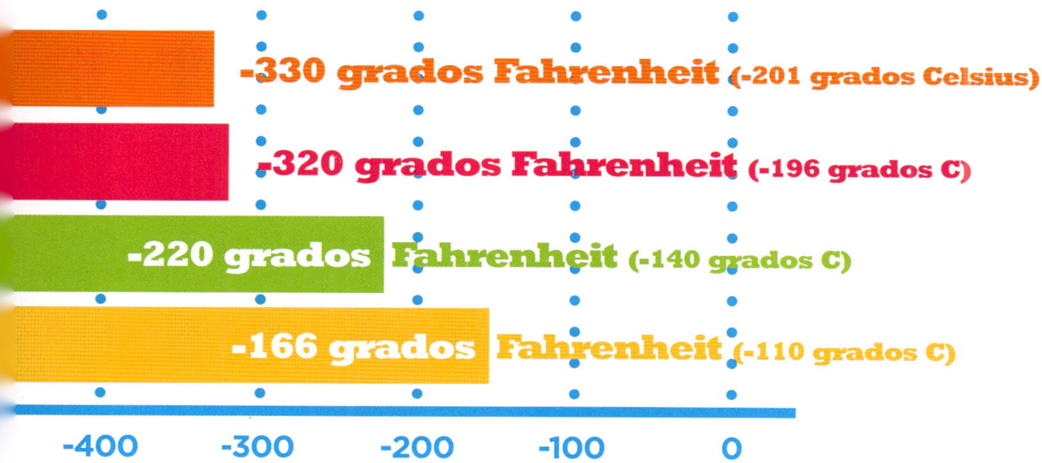

Neptuno

Neptuno es el planeta más alejado del Sol. Tiene seis anillos tenues. Como Urano, es azul. Neptuno tiene mucho viento. Sus vientos pueden alcanzar más de 1,200 millas (1,931 km) por hora.

El día de un planeta es cuánto tiempo tarda en dar un giro completo. Algunos planetas giran más rápido que otros. Tienen días más cortos.

COMPARACIÓN DE LOS PLANETAS EXTERIORES

Diámetro

Hora de orbitar el Sol

Neptuno	165	años terrestres
Urano	84	años terrestres
Saturno	29	años terrestres
Júpiter	12	años terrestres

DURACIÓN DEL DIA

Urano	aprox. 17 horas terrestres
Neptuno	aprox. 16 horas terrestres
Saturno	aprox. 11 horas terrestres
Júpiter	aprox. 10 horas terrestres

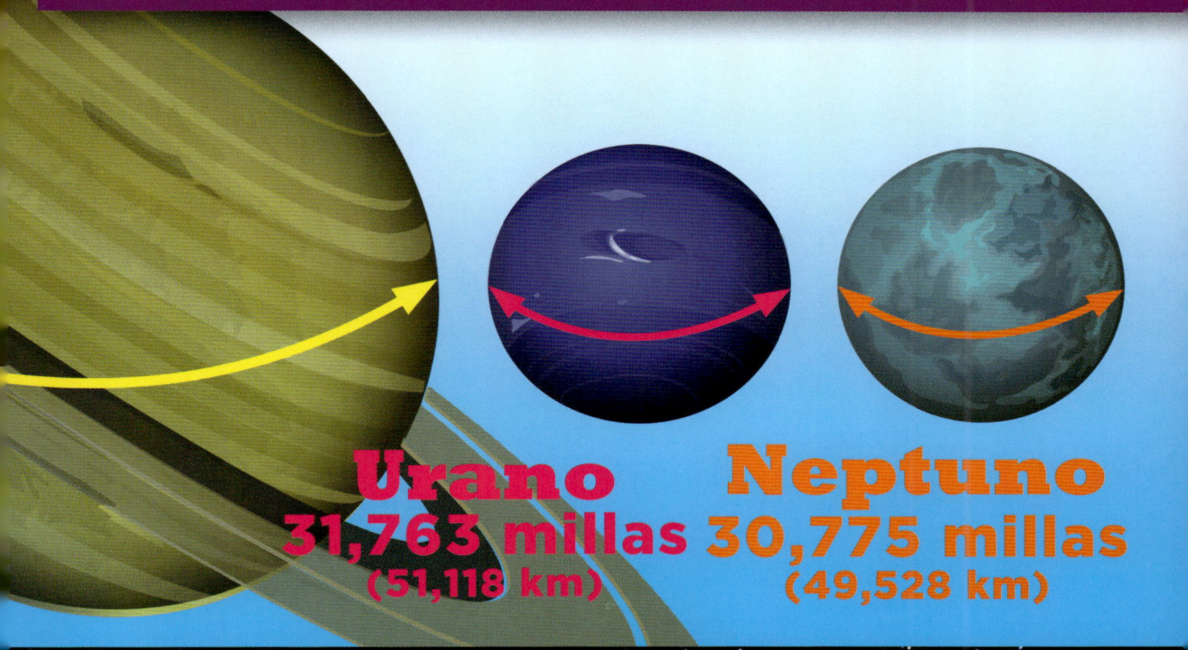

Urano
31,763 millas
(51,118 km)

Neptuno
30,775 millas
(49,528 km)

DISTANCIA MEDIA DEL SOL

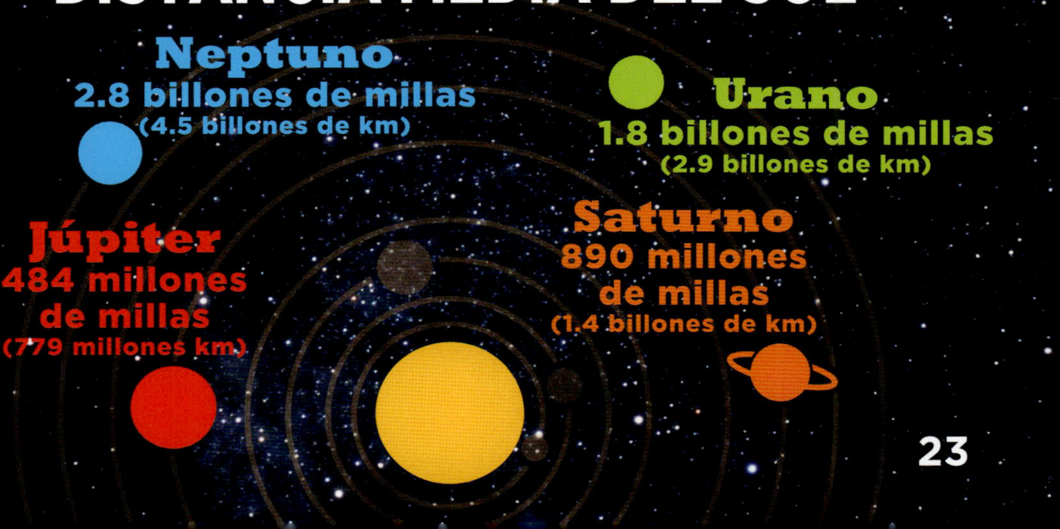

Neptuno
2.8 billones de millas
(4.5 billones de km)

Urano
1.8 billones de millas
(2.9 billones de km)

Júpiter
484 millones
de millas
(779 millones km)

Saturno
890 millones
de millas
(1.4 billones de km)

CAPÍTULO 3

EXPLORACIÓN de los planetas exteriores

La nave espacial de la Tierra llegó por primera vez a los gigantes de gas en la década de 1970. Uno voló sobre Júpiter en 1973. Otro llegó a Saturno en 1979. Estas misiones hicieron nuevos descubrimientos sobre cada planeta.

En la década de 1980, el *Voyager 2* viajó más allá de los dos últimos planetas. La **sonda** voló por Urano en 1986. Llegó a Neptuno en 1989.

EXPLORACIONES Y DESCUBRIMIENTOS DEL SIGLO XXI

Desde el año 2000, ha habido muchas misiones al espacio. Se hicieron muchos descubrimientos muy importantes.

1999

2000

La nave espacial *Cassini* pasa por Júpiter. Y toma fotos.

2003

Los astrónomos descubren cinco lunas nuevas alrededor de Neptuno.

2004

Cassini se convierte en la primera nave espacial en circundar Saturno.

2005

Una nave espacial aterriza en Titán, una de las lunas de Saturno. Es la primera en aterrizar en la luna de otro planeta.

2013

Un científico estudia imágenes de telescopio. Descubre una nueva luna cerca de Neptuno.

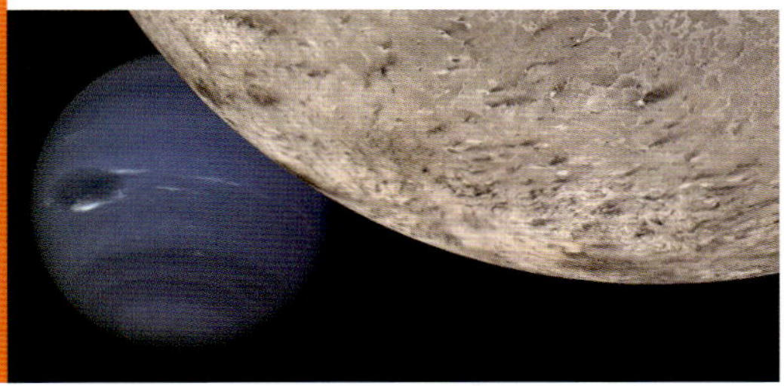

2020

2017

Al finalizar su misión, *Cassini* ingresa en la atmósfera de Saturno y se incendia.

2016

Una nave espacial viaja hacia Júpiter. Estudia la atmósfera del planeta.

Exploraciones futuras

Los científicos continúan planificando más misiones. Una nave espacial irá a Júpiter. Debe llegar al planeta en el año 2030. Estudiará a Júpiter y sus lunas. También puede haber una misión a Saturno. Esta misión es para estudiar a Titán. Un submarino robótico puede incluso explorar su mar.

Las misiones espaciales aportan nuevos conocimientos sobre los planetas. La información le dice a la gente más sobre el sistema solar que habitan.

Saturno
superficie de Titán

antiguo – desde hace mucho tiempo

astrónomo – un experto en la ciencia de los cuerpos celestes y sus tamaños, movimientos y composición

atmósfera – los gases que rodean a un planeta

campo magnético – un área donde las propiedades magnéticas de un objeto afectan a los objetos vecinos

gravedad – la fuerza natural que atrae objetos físicos entre sí

metano – un gas incoloro que no tiene olor y que puede quemarse

núcleo – la parte central de un planeta u otro cuerpo

órbita — la trayectoria de un cuerpo que gira alrededor de otro cuerpo

rasgo – una característica o cualidad

sonda – un aparato utilizado para recoger información del espacio exterior y enviarla a la Tierra

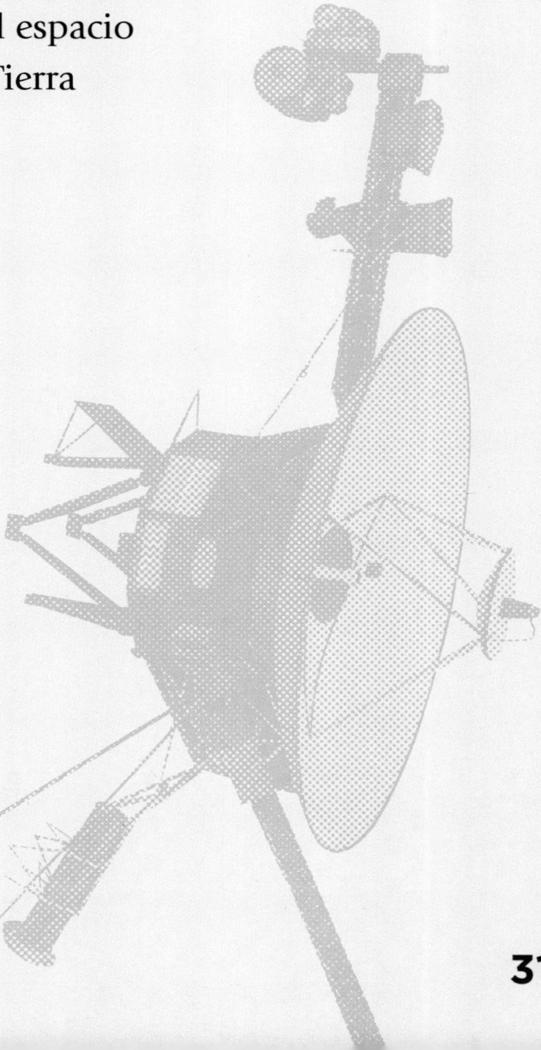

ÍNDICE